流淌的中华文明史

会发光的文字

杜 莹◎编著 朝画夕食◎绘

四川少年儿童出版社

图书在版编目（CIP）数据

流淌的中华文明史. 会发光的文字 / 杜莹编著 ; 朝
画夕食绘. -- 成都 : 四川少年儿童出版社, 2024.9.
ISBN 978-7-5728-1615-4

Ⅰ. K203-49；H12-49

中国国家版本馆CIP数据核字第2024F9R059号

出 版 人：余 兰
编 著：杜 莹
绘 者：朝画夕食
项目统筹：高海潮 周翊安
责任编辑：程 骥 梁佳妮

封面设计：张 雪 汪丽华
插画设计：夏琳娜 赵 欣 马 露
美术编辑：苟雪梅
责任印制：李 欣

LIUTANG DE ZHONGHUA WENMINGSHI HUIFAGUANGDE WENZI

书 名：流淌的中华文明史 会发光的文字
出 版：四川少年儿童出版社
地 址：成都市锦江区三色路238号
网 址：http://www.sccph.com.cn
网 店：http://scsnetcbs.tmall.com
经 销：新华书店
印 刷：成都鑫达彩印印务有限责任公司

成品尺寸：203mm×203mm
开 本：20
印 张：5
字 数：100千
版 次：2024年10月第1版
印 次：2024年10月第1次印刷
书 号：ISBN 978-7-5728-1615-4
定 价：25.00元

你知道吗？

翠柏路小学五年级学生

姓名： 夏小满

身份： 问题研究所所长

个性： 热爱历史，对万事万物充满好奇心。

口头禅： 你知道吗？

最大的愿望： 发明时空门，穿越回古代，亲眼看看那些历史名人是不是和书本上画的一样。

为什么呢？

夏小满的同桌和邻居

姓名： 王大力

身份： 问题研究所首席研究员

个性： 热衷考古和品尝各地美食。

口头禅： 为什么呢？这到底是为什么呢？

最大的愿望： 守护、传承中华文明，探寻历史长河里所有有趣好玩的故事。

问题

《诗经》都是诗人写的吗？

古代就有人算出圆周率？

想去古人的神兽世界逛逛吗？

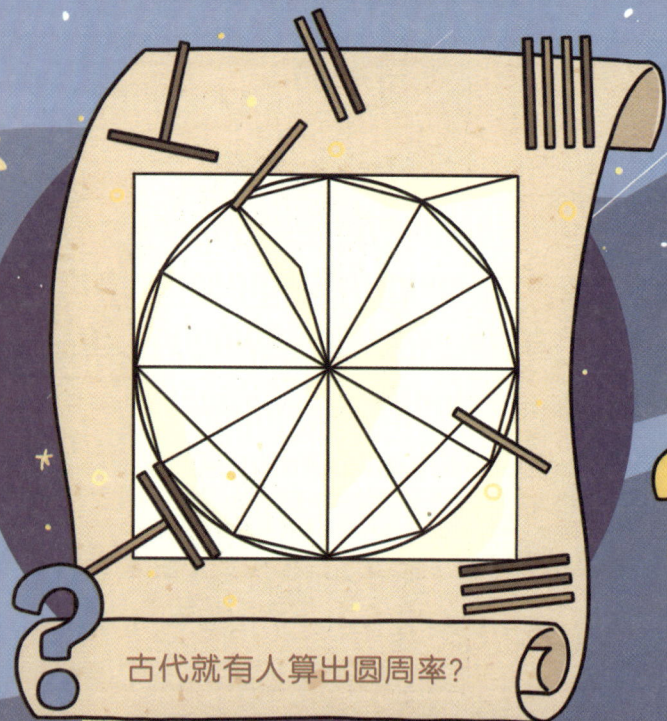

研究所

三千多人花一年抄完的书?

没有天文望远镜怎么观测星星?

纸上怎么谈兵?

伟大的先贤先知们留下了
哪些闪烁着智慧和思想的伟大著作呢？

这些可都是熠熠生辉的文字宝藏啊！

经

史

集

子

带我们品味诗词经典，探寻美的源头；
带我们习得生活智慧，明辨是非；
带我们认识山川河流，奇花异草；
带我们见识兵法谋略，决胜千里。

快跟着问题研究所的小满和大力去品读会发光的文字吧！

目录

延生时间：春秋末年

孔子

《诗经》是我国第一部 诗歌 总集，收集了305 首诗歌。据说由孔子重新编订，作为学生们的教科书。

老夫来了。

《诗经》的作者是谁我们无从得知，他们可能是田地里劳作的农民，可能是制陶砌砖的工匠，也可能是采桑养蚕的妇女……无论他们是谁，我们从《诗经》里能真切地感受到他们热爱生活、向往美好的心境。

> 我们都超爱生活！

那这些诗歌是怎么被收集起来的呢？

传说周王朝时期有个职位叫采诗官。每年春天，采诗官会摇着一种像铃铛一样的器具到民间采集歌谣，把那些反映老百姓欢乐疾苦的作品，整理后交给专门的官员，谱成曲子演唱给周天子听，帮助周天子了解民间的情况，以此来制定或者修改政令。

> 这算是歌曲记忆法吗？

> 我觉得我们可以把那些难背的课文谱个曲子唱出来。

《诗经》里的内容可丰富了：有讲祭祀和礼仪的、农田劳作的、出征战场的、爱情婚姻的、美食宴请的、压迫与反抗的，甚至连天象、地貌、动物、植物都有涉及。

我可是当时社会的一面镜子哟。

你知道吗？

《诗经》形象生动地记录了周王朝时期社会生活的样貌，分成《风》《雅》《颂》三个部分。你知道最精彩的歌谣记录在哪个部分吗？

这部分绝对是精华。

《风》记录了周时期各地的民歌，有对美好爱情和生活等的吟唱，有对故土和家人的深深思念，也有对压迫、剥削的愤怒和不满。

作者：司马迁

延生时间：西汉

《史记》洋洋洒洒 52 万 余字，记载了上至上古传说中的黄帝时代，下至汉武帝时期共 3000 多年的历史，里面记录的人物有帝王将相，有英雄豪杰，有诸子百家，还有平民游侠。

我这里头有上千名历史人物的精彩故事呢。

《史记》是中国史书里的"模范生"，是中国历史上第一部纪传体通史，还是一部优秀的文学著作。

啥是纪传体通史？

纪传体

就是以人物传记为编写的主体，围绕人物，按照时间的先后顺序来展开记录。

秦始皇

司马迁写了我的故事。

我的故事跟在你的后面。

项羽

后面是我。

吕后

也没有落下我。

刘邦

通史

指连续地记录和讲述各个时代的历史。

司马迁首创了纪传体通史，后来历朝历代的正史都采用这种体裁来编写。《史记》不但记录了大量重要的历史事件，而且由于司马迁文笔优美，对后世史学和文学的发展都产生了深远影响。

名人夸夸群：

韩愈
 :

梁启超
千古之绝作 :

欧阳修
 :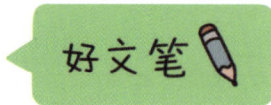

鲁迅
史家之绝唱 :

你知道吗？

在中国历史上有两部史书被称为"史学双璧"，你知道是哪两部巨作吗？

西汉司马迁

《史记》

史学双璧

北宋司马光

《资治通鉴》

我就是你们熟悉的见义勇为的好少年。

作者：孔子及其弟子

孔子是伟大的思想家、教育家和政治家。

延生时间：战国初期

狂写

大师说的话都要好好记下来！

《论语》是对孔子和他的弟子们日常言行和对话的记录，不过这些记录工作是由孔子的弟子和再传弟子完成的。

孔子被认为是当时社会上最博学者之一，后人称之为"孔圣人"。孔子对如何治理国家、如何与人相处、如何进行教育、如何管理自身等方面提出了自己的见解，也常和他的学生们讨论这些问题。他们的这些言行就都被其他弟子记录下来了。

所以，《论语》算得上是集体智慧的结晶。

夫子和师兄又在讨论了，我来记录一下！

学而时习之……
吾日三省吾身……

写

《论语》的章节简单明了，语言浅显易懂，但都蕴含着深刻的道理。现在很多耳熟能详的警句箴言zhēn都出自《论语》呢。

好老师标准

因材施教

老师要根据每个学生的特点来展开教育。

过犹不及

白干了!

事情做得过头了，就跟做得不够一样，都是不好的。

三思而行

小心驶得万年船

遇事要反复思考，再展开行动。

老师的老师果然不同凡响。

你知道吗?

《论语》可是古时候的官方指定教材，但凡是读书郎都要认认真真学习，那么这些《论语》里的经典语句你能补全吗?

温故而知新，_____。

知之为知之，_____，是知也。

敏而好学，_____。

_____，必有我师焉。

_____，勿施于人。

答案：温故而知新，可以为师矣。三人行，必有我师焉。知之为知之，不知为不知，是知也。敏而好学，不耻下问。己所不欲，勿施于人。

作者：孙武

史称"兵圣"

延生时间：春秋末年

《孙子兵法》是中国现存 最早 的兵书，也是中国古籍在世界上影响最大的著作之一，汇集了中国古代军事思想的精髓。

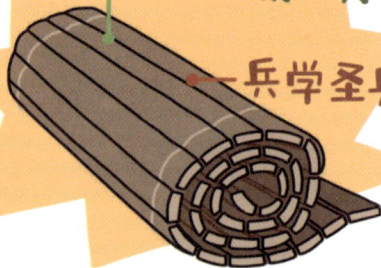

古代第一兵书

兵学圣典

《孙子兵法》总结了很多战争的规律，讲了战争之前需要做哪些准备，各种战争策略要如何运用，如何排兵布阵，如何行军，如何观察地形，如何安排粮草补给，还有如何根据形势对敌军的情况进行预判等等。

孙武
小课堂

最成功的战役是不动一兵一卒就让敌人认输。

为孙武
点赞!!

曹操非常欣赏《孙子兵法》，还在书上做了批注。

唐太宗李世民曾说过：看了这么多兵书，就没有超过《孙子兵法》的。

拿破仑对《孙子兵法》也推崇备至。

可见《孙子兵法》在历代军事大家心目中的地位。

《孙子兵法》中的军事思想对中国历代军事家、政治家、思想家都产生了非常深远的影响，还被翻译成了二十多种语言文字，在国外具有超高的人气，是华夏文明乃至世界文明中的璀璨瑰宝。
cuǐcàn

第1位

军事类畅销榜

你知道吗？

孙武的后人中也出了一位才能卓绝的军事大家，但他受到了奸人的陷害，还被挖去了膝盖骨，成了一个残疾人。但他没有自暴自弃，寻到一个机会逃到了齐国。齐国大将田忌很欣赏他，有一次田忌和齐威王赛马，他告诉田忌，第一场用下等马对齐威王的上等马，第二场用上等马对齐威王的中等马，第三场用中等马对齐威王的下等马。果不其然，田忌最终赢得了比赛，这就是著名的田忌赛马。后来齐威王任命他为军师，他从此受到了重用。你知道这位军事大家是谁吗？

他就是 孙膑，孙膑的军事大作《孙膑兵法》也受到了后人的追捧。
bìn

05

快来听古人讲故事

《山海经》

哇

人称"上古社会生活的百科全书"。

《山海经》是中国最早的一部富于神话传说的 地理书 ，不过它里面的内容可不仅仅局限于神话和地理，历史、天文、动物、植物、医学、民族学、海洋学等方面的内容也都能在书中看到。

百科全书

《山海经》里记录了古代大量的山川湖海、沼泽湿地、沙漠平原，还有各种奇花异果。

现在大名鼎鼎的昆仑山、黄山、黄河、洛水这些早在《山海经》里就已经出现了呢。

我应该是神兽里面的"体积担当"了吧。

我们在《山海经》里可以看到古人天马行空的想象力，各种神怪异兽在古人的描述里栩栩如生。它们有的为人类造福，有的却为人间带来灾祸。

kūn
鲲鹏是古代传说中一种超级大的神兽，有时变成大鱼，有时变成大鸟。

《山海经》里面还记载了上古时期的很多国家。

羽民国

传说那里的人浑身长满羽毛，身上还有翅膀。

厌火国

传说那里的人长得像猿猴，皮肤黝黑如炭，平时就以炭为食物，还能从口中喷出火焰。

你知道吗？

《山海经》里还有很多上古流传的神话故事，你知道的有哪些呢？

女娲补天

嫦娥奔月

仓颉造字
jié

夸父逐日

后羿射日

大禹治水

06

一闪一闪亮晶晶

《甘石星经》

作者：甘德、石申

延生时间：战国时期

战国时期，齐人甘德、魏人石申各写了一部天文学著作，后人把这两部著作合起来，称为《甘石星经》，《甘石星经》是中国历史上 最早 的天文学著作。

天文星占

+

天文

土

金

水

火

木

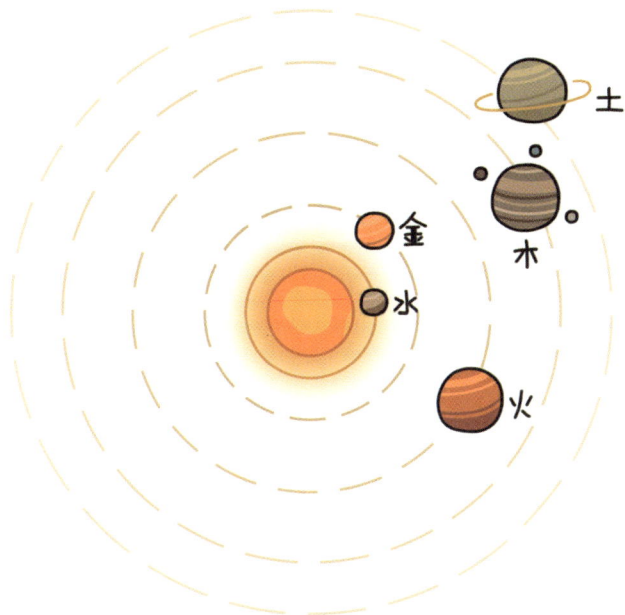

甘德和石申都是伟大的天文学家，他们被浩瀚的宇宙和璀璨的星空所吸引，观察了金、木、水、火、土五大行星的运行，初步掌握了这些行星的运行规律。书中记录了 800 多个恒星的名字，提到了日食、月食现象。

比不过呀！

书中测定记载了 121 颗恒星的方位，它是世界上最早的恒星表，比希腊天文学家测编的欧洲第一个恒星表还早约 200 年呢。

甘德发现了木星的卫星，这一发现比伽利略发现它们早了近 2000 年。

据说秦始皇造骊山陵墓，汉惠帝重修长乐宫，西汉陵墓壁画的星象图都借鉴了这本书中对星空的准确描述和记载呢。

你知道吗？

中国是世界上天文学起步最早、发展最快的国家之一，在创制天文仪器方面，也做出了杰出的贡献，创造性地设计和制造出了许多种精巧的观察和测量仪器。你知道在我国最古老、构造最简单的天文仪器是什么吗？

表

圭

这个最古老、构造最简单的天文仪器叫土圭，也叫圭表。它是用来测量日影长短的。它具体是什么时候出现的，已无从考证。

介绍起来名号有些多啊。

《黄帝内经》是中国传统医学经典著作，也是第一部在书名中冠上中华民族先祖"黄帝"大名的传世巨著，还是我国医学宝库中现存完成时间 最早 的一部医学典籍。

《黄帝内经》里记录了春秋至战国时期的医学先辈们治病救人的经验和总结的医学理论，是中医学的奠基之作。除了怎样治病，书中还讲了怎样才能不得病。

告别药物，健康长寿。

拜 拜

古人的养生之道就已如此丰富，我们现在更应该注重身体健康哟。

"生命在于运动啊"

适度锻炼，延年益寿。

"早睡早起不要熬夜啊"

日出而作，日落而息。

"不要暴饮暴食啊"

合理饮食，健康长寿。

"该穿秋裤啦"

随着季节的变化适当增减衣物。

《黄帝内经》为中医学的发展做出了巨大的贡献，且书中还记载了众多学科知识，具有很高的研究价值。

你知道吗？

中国古代有很多了不起的名医，他们精湛的医术，救死扶伤的品质都是后人学习的典范。你能说出几位妙手回春的古代名医呢？

扁鹊

战国时期的医学家，尤其擅长脉诊和望诊。

华佗

东汉末年的医学家，发明了"麻沸散"——世界医学史上最早的全身麻醉药物，还创编了一套叫"五禽戏"的健身操。

张仲景 zhòng

东汉的医学家。他编写的《伤寒杂病论》，至今仍用于临床实践指导，也是医家必读。

孙思邈

隋唐的医药学家。编写了《千金要方》，被称为"药王"。

甲 子 乙 丙 辛 巳 戊 酉 寅 壬 庚 未 丑 卯 戌 甲 乙

延生时间：东汉

　　《九章算术》是世界 数学 发展史上的宝贵遗产，也是古代中国数学发展史上的重要里程碑。书中收集了 246 个数学应用问题和各个问题的解法，并分成了九章，分门别类进行介绍。

《九章算术》里的应用问题与人们的生产、生活关系密切：

1 测量农田面积的问题。

这些谷子去掉壳后能有多少米呢？

2 粮食加工中原料和成品的换算问题。

这个我得好好算算……

几人共同出钱买东西，每人出 8 元则多 3 元，若每人出 7 元则少 4 元，求人数和物价。

3 盈亏问题。

《九章算术》中还有很多关于修筑堤坝、开挖沟渠、修建城墙的计算问题。

从《九章算术》里的应用问题，到隋唐时期在 国子监 设立了算学，再到清代洋务运动时在 同文馆 设立的算学馆，无论是古代还是近代，数学一直是一门实用学科。

你知道吗？

《九章算术》影响了其后 2000 余年间中国乃至整个东方数学的发展，中国优秀的数学家也层出不穷，其中有一位把圆周率精确计算到小数点后第 7 位，这位数学家是谁呢？

他就是祖冲之，他算出了 π 的值在 3.1415926 和 3.1415927 之间。大家可不要小看圆周率，圆周率的应用很广泛，尤其是在天文、历法方面，凡牵涉到圆的一切问题，都要使用圆周率来推算。

3.1415926

π

3.1415927

祖冲之

大江大河知音人

《水经注》

不愧是中国的山河，太壮观了！

作者：郦道元

延生时间：北魏

这个注释比原文还长！

　　顾名思义，《水经注》是给《水经》这本书做的 注释 。《水经》的作者和创作年代说法不一，原文非常简略，大约只有一万字，但《水经注》是对《水经》的补充和加工，有洋洋洒洒 30 多万字。

《水经注》以《水经》为提纲，详细记载了一千多条大大小小的河流，以及名山峻岭、亭台楼阁、寺庙道观、风俗物产等，郦道元精彩的写景文笔和河流流经处发生的传奇故事更是引人入胜，这些记录使纵横交错的河流充满了烟火气，呈现出无尽的魅力，让人心驰神往。

所以《水经注》不但是中国古代最全面、最系统的综合性地理著作，而且还是中国游记文学的开创之作，对后世游记散文的发展影响很大。

郦道元读万卷书，行万里路。他非常重视野外考察，为了获得真实的地理信息，亲自到过许多地方，足迹遍布长城以南、秦岭以东的中原大地，积累了大量的实践经验和地理资料。

用双脚丈量祖国的山河大地。

沧海桑田，郦道元笔下的河流有的早已消失在历史深处，有的已多次改道，但它们在《水经注》中仍奔流不息，一派生机，留给后人无尽的想象。

大江大河知音人啊！

赞

你知道吗？

我国水系遍布，有着丰富的水力资源，但是也会出现洪水等自然灾害，淹没村舍农田，带来可怕的后果。勤劳、勇敢、智慧的中国人民几千年来同江河湖海进行了艰苦卓绝的斗争，修建了无数大大小小的水利工程，有力地促进了农业生产。在四川，有一处造福人民的伟大水利工程，你知道它的名字吗？

都江堰

都江堰建于战国时期，由当时秦国的蜀郡太守李冰主持修建，是全世界历史最悠久的，以无坝引水为特征的水利工程，两千多年来一直发挥着防洪和灌溉的作用，是中国古代劳动人民智慧的结晶。

替天行道

山梁泊水

作者：施耐庵

延生时间：明代

快来听听英雄好汉们的故事吧！

《水浒传》是我国 最早 的白话长篇小说之一，也是描写中国英雄传奇故事中 最杰出 的长篇小说之一。

什么是白话小说呢？

　　很长一段时间内，小说都被认为是一种难登大雅之堂的东西，文人士大夫觉得小说不入流，是街头巷尾流传、道听途说编写的东西。但是小说的生命力却极为旺盛，尤其随着社会经济的不断发展，到了宋代，老百姓的衣食住行生活越过越好，茶余饭后当然需要更多的休闲娱乐活动，生动有趣、跌宕起伏的小说故事受到大家的喜爱，中国的长篇白话小说以此为契机，迅速地发展起来。

dàng

　　《水浒传》的故事发生在北宋末年，由于朝廷无能、奸臣当道，闹得天下民不聊生，老百姓生活在水深火热之中，众好汉由四方集聚梁山，揭竿而起，替天行道，与黑暗势力展开斗争。

水泊梁山

他们好有正义感。

《水浒传》里的很多精彩故事都被改编成舞台剧、电视剧、动画片等形式，深受大人和小朋友的喜爱：

武松打虎

鲁智深倒拔垂杨柳

林冲风雪山神庙

你知道吗？

《水浒传》中的梁山好汉们英勇无敌、行侠仗义，深受众人喜欢，而且他们都有响当当的绰号。这些耳熟能详的梁山好汉的绰号你知道吗？

及时雨	宋江	智多星	吴用	豹子头	林冲
小李广	花荣	小旋风	柴进	花和尚	鲁智深
行者	武松	黑旋风	李逵	一丈青	扈(hù)三娘

11

群英荟萃的年代

《三国演义》

男孩最爱

作者：罗贯中

延生时间：元末明初

《三国演义》是中国 第一部 长篇章回体小说。因为是小说，为了突出人物的性格特点，作者在编写时有夸张演义的成分，不过大部分都是根据真实事件改编的。

440

《三国演义》的创作蓝本就是著名的史书《三国志》。《三国志》中记叙了 440 位三国人物的传记，讲述了从东汉末年到西晋初年将近百年的云谲(jué)波诡的历史。

书中描写的大小战役不计其数，但有三场决定了天下大势的大战至关重要，分别被称为官渡之战、赤壁之战、夷陵之战。

官渡之战

曹操 **胜!** 对战 袁绍

是中国历史上著名的以弱胜强的战役之一，此战也奠定了曹操统一中国北方的基础。

赤壁之战

孙权＋刘备 **胜!** 对战 曹操

同样是以少胜多、以弱胜强的战役之一。此战的失利使曹操失去了在短时间内统一全国的可能性，而孙、刘双方则趁此胜利开始发展壮大各自的势力。

夷陵之战

东吴陆逊 **胜!** 对战 刘备

此战使蜀汉再也没有统一天下的机会了，就连刘备都在白帝城郁郁而终。

《三国演义》呈现的也是这百年的历史风云，主要以描写战争为主，从东汉末年的群雄逐鹿、割据混战，到 三国鼎立 ，魏、蜀、吴三国之间展开的政治和军事斗争，最终司马炎一统三国，建立晋朝的故事。

你知道吗？

《三国演义》中塑造了一大批叱咤（chì zhà）风云的英雄人物，而跟随刘备建立蜀汉政权的五位将军，被尊称为"五虎上将"，个个武艺高强，忠勇无敌。你知道是哪五位将军吗？

张飞

赵云

关羽

马超

黄忠

12

了不起的数据库

《永乐大典》

哇，我已经眼花缭乱了。

永乐大典

永乐大典

永乐大典

入口

作者：解缙、姚广孝
xiè jìn
等主持编撰

延生时间：明永乐年间

《永乐大典》的编写可是我国文化史上的一件大事。它由3000多人参与编撰，汇集了经、史、子、集，涉及天文、地志、阴阳、医卜等内容，是历时5年才完成的大型百科全书。
bǔ

永乐皇帝朱棣（dì）为什么要花费大量的人力物力去编撰规模如此庞大的《永乐大典》呢？

1

朱棣用兵变的方式夺取了皇位，难免引起天下人尤其是读书人的不满。编撰《永乐大典》，以此来标榜自己以文教礼乐治民的理念，收拢读书人的心。

2

战争对文化的破坏非常严重。元末明初战乱不断，很多书籍遭到毁坏，编撰《永乐大典》也是要把中国千百年来的各类典籍更好地保存下来。

3

展现朱棣开阔的胸襟，表明自己问心无愧，任由后人评价功绩。

尽管评价。

这部浩繁的《永乐大典》，使许多先秦至明初的宝贵文献得以流传，在文献研究方面有着无与伦比的贡献与价值。

嘉靖皇帝非常喜爱《永乐大典》，对这部大典的保护也是细致入微。嘉靖三十六年（1557年）宫中失火，他害怕文楼里的《永乐大典》被烧毁，一夜传谕三四次下令搬移《永乐大典》，《永乐大典》这才幸免于火海。后来为了防患于未然，他又命人重抄了一部《永乐大典》，只可惜此后《永乐大典》原本不知所终。

我的宝贝。

你知道吗？

zuǎn

明清两朝都各编纂完成了一部宏伟巨著，明代便是我们前面所说的《永乐大典》，那么你知道清代的这部被称为中国古代最大的一部官修书是什么吗？

四 库 全 书

那便是在乾隆时期，历经十多年编写的《四库全书》。

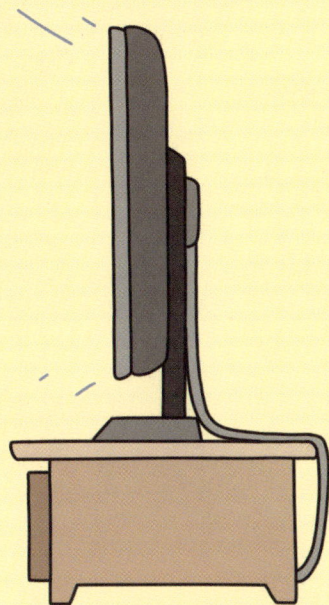

作者：吴承恩

延生时间：明代

今天读这段故事吧！

《西游记》是小朋友们最喜欢的 故事书 之一，也是中国神魔小说的经典之作。

《西游记》里的师父唐僧心智坚毅，一心向善；大徒弟孙悟空本领高超、智勇双全；二徒弟猪八戒肥头大耳，憨态可掬^{jū}；三徒弟沙和尚吃苦耐劳，忠心耿^{gěng}耿，还有白龙马勤勤恳恳、任劳任怨。一行人路上历经各种艰险困难，降妖除魔，经历了九九八十一难，终于到达西天见到如来佛祖，取得了真经。

沙和尚

唐僧

白龙马

猪八戒

孙悟空

《西游记》中有很多脍^{kuài}炙人口的经典故事，孙悟空的斗争精神，猪八戒的乐观，沙僧的忠诚，唐僧的执着，在故事中都令人印象深刻。

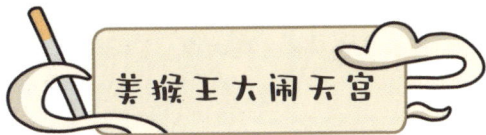

美猴王大闹天宫

真假美猴王

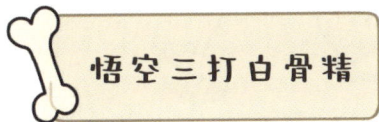

悟空三打白骨精

火焰山借芭蕉扇

女儿国琵琶洞

《西游记》里的唐僧可不是虚构的人物，历史上真的有一位伟大的僧人，他历经千辛万苦，只身一人抵达印度，学习佛法求取真经，为佛教的发展以及中西文化的交流传播做出了不朽的贡献，你知道这位僧人的大名吗？

这位了不起的僧人就是玄奘(zàng)。

他从长安（今天的西安）出发西行求法，往返共十七年，行经五万余里，带回大量佛教经书，还将亲身游历西域的所见所闻口述下来，由弟子整理编撰(zhuàn)成《大唐西域记》。书中对西域各国各民族的不同建筑、婚嫁情况、宗教信仰、疾病治疗、音乐舞蹈等都做了记载，展现了精彩的西域风土民俗。

玄奘

14

植物们的狂欢

《本草纲目》

作者：李时珍

伟大的医学家、
药物学家

诞生时间：明代

《本草纲目》是李时珍为了纠正古代医书的错误，爬山涉水、尝遍百草完成的东方药学巨著，达尔文称之为"古代中国百科全书"。

《本草纲目》中共记载了1892种药物，第一次加入了新药374种，配了1100多幅图画，还有11000多个药方。

这得花多少时间呀？

29年，青丝变华发啊！

李时珍在书里不但描述了药物的形态、如何采集、如何加工，还清楚地记录了药性、功效、主治什么症状、跟其他药物怎么组合使用等。

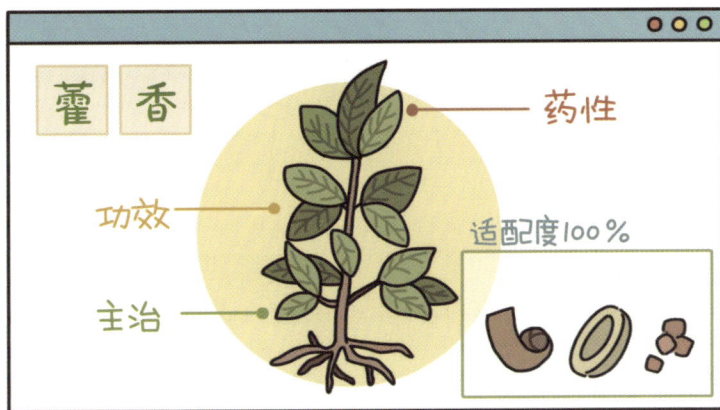

藿香

药性

功效

主治

适配度100%

为了尽可能地收集药物标本，准确了解药性，获得民间的各种药方，李时珍到处拜师，他的师父是渔民、樵夫、农民、车夫、药工、捕蛇者等各行各业的老百姓。

大神在民间啊！

你知道吗？

《本草纲目》是中国古代中医学对全世界的贡献，被翻译成多种语言，传播到世界各地。到了现代，有位女科学家，她一直致力于青蒿素的研究，终于研制出了用于治疗疟疾的药物，挽救了全球数百万人的生命，为世界贡献了中国智慧。你知道这位伟大的女科学家是谁吗？

她就是屠呦呦。青蒿素能有效降低疟疾患者的死亡率，屠呦呦也因此获得了诺贝尔生理学或医学奖。

作者：宋应星

延生时间：明代

《天工开物》是一部关于 农业 和 手工业 等方面的综合性著作，汇集了古代劳动人民的智慧，外国学者称它为"中国17世纪的工艺百科全书"。

这部百科全书里讲了什么呢？

记载了明代中期以前中国古代 130 多项生产技术和工具：制作火药、给布料染色、制作食盐、采煤挖矿、榨油、制作蜡烛、烧制陶瓷、烧制砖瓦、养蚕纺织、用竹子造纸、酿美酒、制糖、制造车船、种植谷物、珠宝加工等。

哇，衣食住行、三百六十行，几乎都在书里了。

这是一本让大家的生活过得越来越好的书。

宋应星在书中还强调人类要和自然和谐相处，人力要和自然力相配合。聆听自然的声音，遵循自然的规律，探索科学的奥秘，用智慧让人们的生活过得越来越好。

你知道吗？

甜蜜的糖果大家一定都很喜欢吧？那古代的糖是怎么制作出来的呢？在《天工开物》里就介绍了糖的制作工艺。甘蔗是制糖的原料之一，古人把长长的甘蔗压榨出汁水，然后将甘蔗汁进行熬制。压榨甘蔗可是个力气活，单靠人力那可太费劲了，聪明的古人就借助工具来完成，你知道这个大力士工具是什么吗？

糖车

那就是糖车。糖车长得有点像磨盘，牛拖着长长的木轴绕着糖车一圈圈地走，木轴带动下面的木柱滚动，把甘蔗放在两个木柱之间，一挤压，甜甜的汁水就流到了糖车下面专门收集甘蔗汁的大桶里。

来听奇异故事会啦

《聊斋志异》

作者：蒲松龄

：清代

每一篇都好有趣！

《聊斋志异》是中国古典短篇小说的巅峰之作，里面有 491 个短小的故事，故事里有很多关于狐仙鬼怪的奇闻异事。

大家可不要认为这只是一本猎奇志怪类的泛泛书籍，它还具有批判科举制度、记录人情风俗、为底层人民发声等更加深刻的价值。

写鬼写妖高人一等，刺贪刺虐入木三分。

意思是说不管书里写鬼还是写妖，都要比人高一筹，讽刺贪婪者、暴虐者，对罪恶社会的揭露深入骨髓。

郭沫若先生

鬼狐有性格，笑骂成文章。

老舍先生

意思是说虽然书中写的都是妖鬼故事，但是都有各自的性格特点，哭笑谩骂之间写成了文章。

老郭，老舍，知己啊。

蒲松龄借着这些奇异故事，一方面揭露了当时社会的黑暗，另一方面也让大家感受到天地有情，要珍惜世间万事万物。

并不只是简单的故事书呢！

你知道吗？

为什么蒲松龄取《聊斋志异》这个书名呢？

聊斋

聊斋是蒲松龄的书屋的名称。

志 是 记述 的意思。

异 是指 奇异的故事 。

科举制度的观察录

《儒林外史》

我这英姿，不是一只猛虎也该是一头狼吧。

我该不该告诉他，人要对自己有清晰的认识？

儒林外史

作者：吴敬梓(zǐ)

延生时间：清代

《儒林外史》是一部杰出的 现实主义 长篇讽刺小说，以生动形象的笔墨，把科举的腐朽(xiǔ)黑暗，假名士的庸俗可笑，贪官污吏的刻薄可鄙(bǐ)，都刻画得入木三分。

通过生动曲折的故事情节、栩(xǔ)栩如生的人物形象、意蕴深长的思想内涵，逼真地展现了一幅活生生的清代社会面貌图。

进士

举人

秀才

平民

吴敬梓出自书香世家，本来是极其相信科举制度的，但死板木讷(nè)的八股文和家族兄弟以及好友的经历让他渐渐感到失望，原来所谓的科举制度更多是帮助读书人构建自己的关系网，腐败不堪。到了晚年，吴敬梓从绝望走向清醒，写出了《儒林外史》。

吴先生也太敢说了！

《儒林外史》中大多数人物的性格特点：

或唯利是图，自甘下流；或貌似君子，内心卑污；或故弄玄虚，欺世盗名；或仗势欺人，违法施暴；或自作清高，实则丑陋；或终老考场，迂腐可笑。

佩

服

但是书中也讲了一些值得赞颂的文人雅士，比如王冕、萧云仙等。王冕孝顺懂事、洁身自好、不畏权贵的精神令人敬佩。

你知道吗？

王冕是元末时期的画家、诗人，他出身贫寒，幼年替人放牛，靠自学成才。王冕一生鄙视权贵，同情人民苦难、谴责豪门权贵、轻视功名利禄，一生爱好梅花，种梅、咏梅，又主攻画梅。他有一首流传至今的著名诗作《墨梅》，你会背诵吗？

墨梅

我家洗砚池头树，

朵朵花开淡墨痕。

不要人夸好颜色，

只留清气满乾坤。

作者：曹雪芹

作者：高鹗

延生时间：清代

　　《红楼梦》又叫《石头记》，是我国古代最伟大的 长篇小说 之一，也是世界文学经典巨著之一。当时《红楼梦》在民间可是一等一的畅销书，但是只有前 80 回，后来很多文人雅士来续写，现在我们看到的后 40 回是高鹗续写的。

我可是以纯手工抄写的手抄本形式流传的呢！

《红楼梦》为什么要叫《石头记》呢？

《红楼梦》之所以又名《石头记》，主要和主角贾宝玉的前世有关系。故事一开始讲了女娲补天的神话传说。相传在很久以前，天下突然遭了一个大劫难，天破了一个洞，女娲娘娘为了拯救人类，炼了许多五彩石进行补天。在这期间一块石头遗留下来，被扔在无稽崖的青埂峰上，这块石头就是贾宝玉的前身。

贾宝玉

除了聪明灵秀、叛逆善良的贾宝玉，在作者的笔下，我们看到了很多有血有肉、生动的人物：

林黛玉

多愁善感、才思敏捷的林黛玉。

薛宝钗

典雅雍容、温柔平和的薛宝钗。

王熙凤

精明泼辣、能干圆滑的王熙凤。

《红楼梦》就是以贾、史、王、薛四大家族为背景，讲述了这些人物之间悲欢离合的故事。我们在小说里能看到纯真美好的各种感情，灿烂热切的青春生命，也能看到当时社会的黑暗、丑陋和罪恶。

你知道吗？

《红楼梦》中塑造了12位性格各异、聪明美丽的女性，称之为"十二金钗"，你知道十二金钗是哪十二位女子吗？

林黛玉、薛宝钗、贾元春、贾探春、史湘云、妙玉、贾迎春、贾惜春、
王熙凤、贾巧姐、李纨、秦可卿

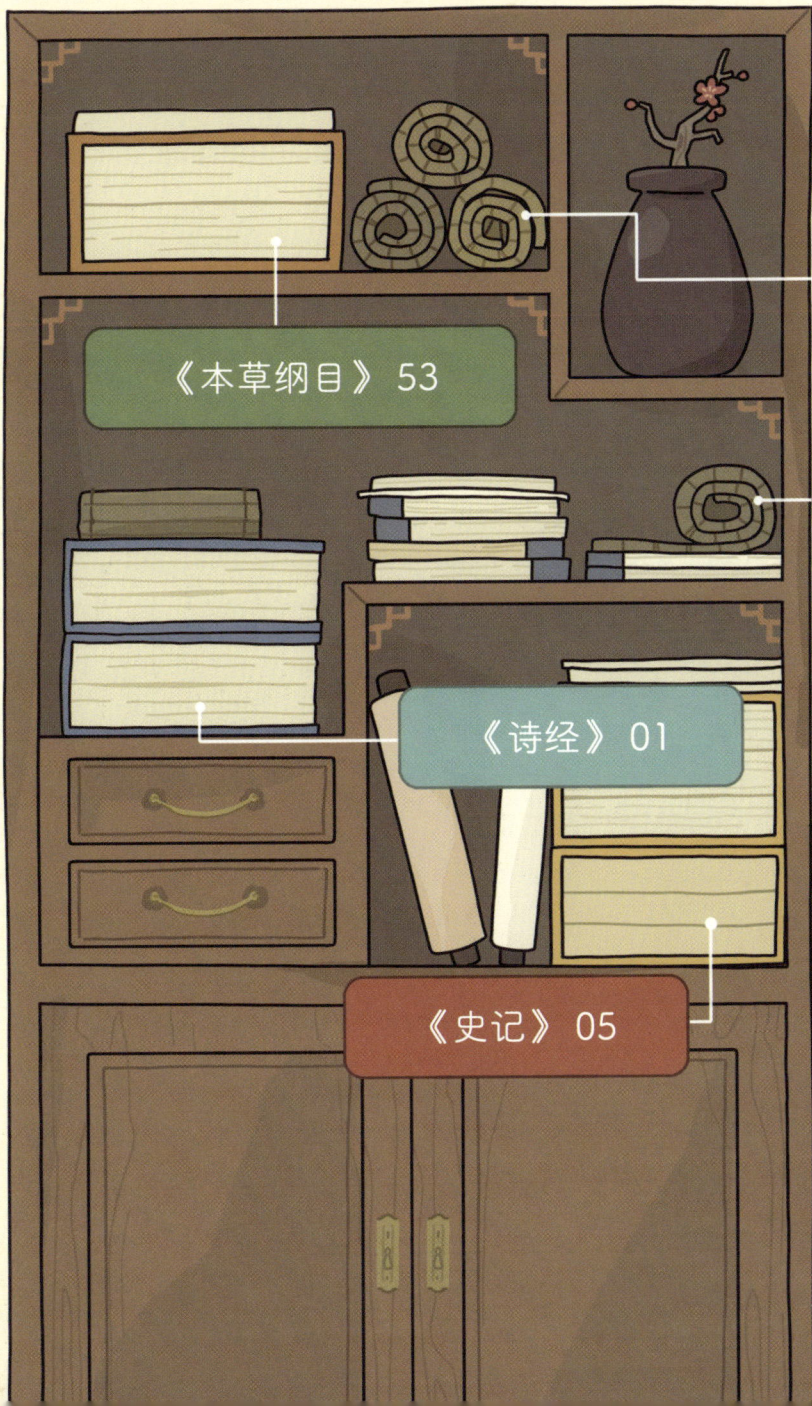

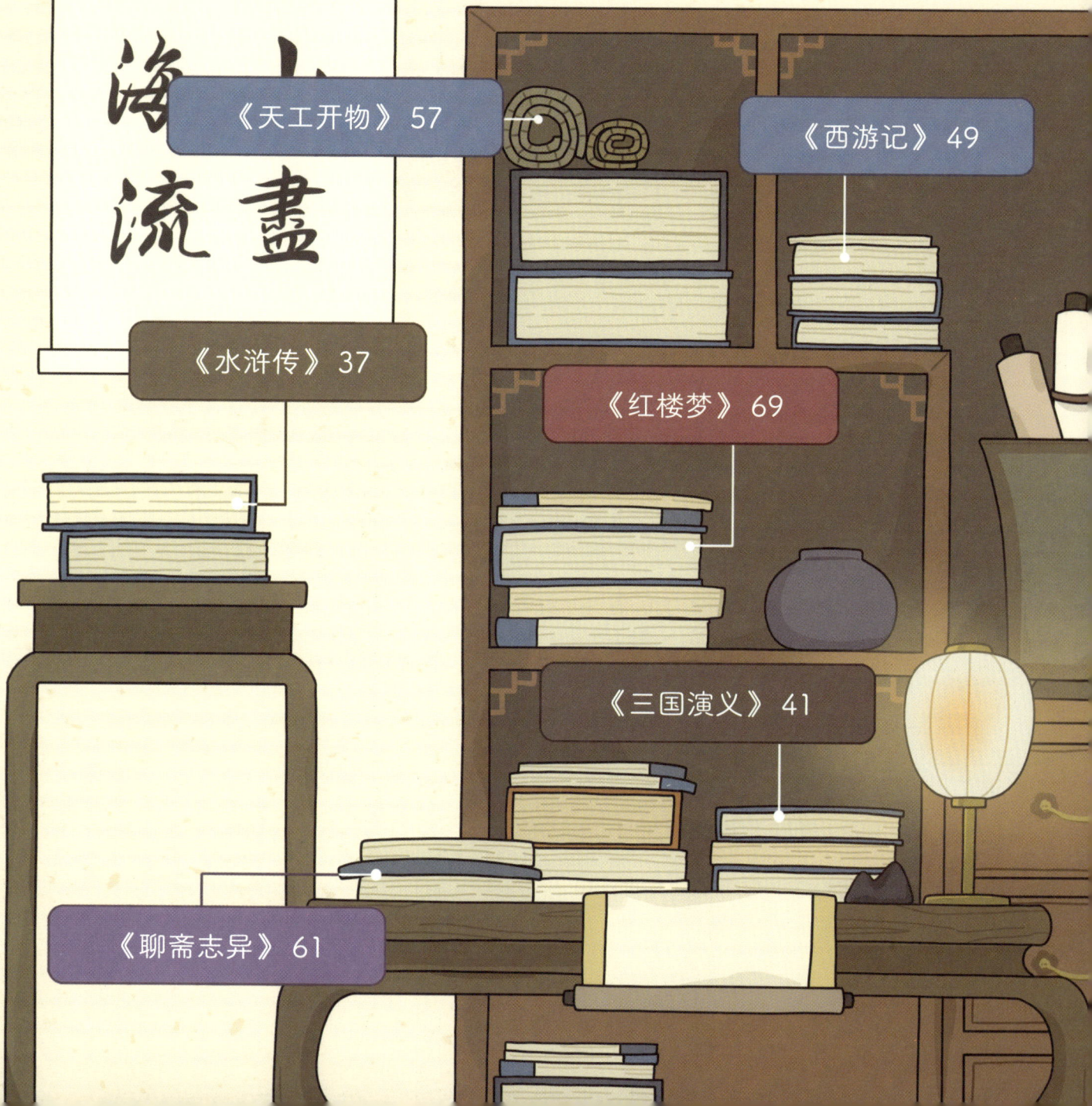

《天工开物》57

《西游记》49

《水浒传》37

《红楼梦》69

《三国演义》41

《聊斋志异》61

《黄帝内经》25

《水经注》33

《甘石星经》21

《九章算术》29

《儒林外史》65

《永乐大典》45

接下来，请家长帮助小朋友剪下问题卡片，让我们开启"你问我答"的游戏之旅吧！

丙

难度 ★★★☆☆☆☆

我国的第一部诗歌总集是什么？

乙

难度 ★★★☆☆☆☆

《诗经》在内容上分为哪几个部分？

丁

第1部

难度 ★★★★★☆☆

中国历史上第一部纪传体通史是哪一部？

超

难度 ★★★★★★★

《史记》记载了哪段时间的历史？

甲

史学双璧

难度 ★★★★★☆☆

哪两部史书被称为"史学双璧"呢？

甲

难度 ★★★★☆☆☆

《论语》是孔子编写的吗？

流淌的中华文明史

答案：《史记》

流淌的中华文明史

答案：《风》《雅》《颂》

流淌的中华文明史

答案：《诗经》

流淌的中华文明史

答案：不是，是由孔子的弟子及再传弟子记录和编排的。

流淌的中华文明史

答案：《史记》《资治通鉴》

流淌的中华文明史

答案：上至上古传说中的黄帝时代，下至汉武帝时期。

难度 ★★★☆☆☆☆

孔子是春秋时期哪个国家的人？

难度 ★☆☆☆☆☆☆

哪个成语的意思是：事情做过头了就好像没做一样。

难度 ★☆☆☆☆☆☆

我国现存最早的兵书是哪一部？

难度 ★★☆☆☆☆☆

《孙子兵法》是谁写的呢？

难度 ★★★★★★★

孙武的后人中，哪一位也是才能卓绝的军事大家呢？

难度 ★★☆☆☆☆☆

请说出《山海经》中上古流传的神话故事。（至少3个）

流淌的中华文明史

答案：《孙子兵法》

流淌的中华文明史

答案：过犹不及

流淌的中华文明史

答案：鲁国

流淌的中华文明史

答案：女娲补天、夸父逐日、后羿射日、嫦娥奔月、仓颉造字、大禹治水。

流淌的中华文明史

答案：孙膑

流淌的中华文明史

答案：孙武

乙

难度 ★★★★★☆☆

《山海经》中哪个国家的
人浑身长满羽毛，还有翅膀？

丙

难度 ★★☆☆☆☆☆

世界上最早的天文学著作
是哪一部呢？

超

难度 ★★★★★★★

甘德观察发现了木星的卫
星，这比伽利略早了多久？

丙

难度 ★★☆☆☆☆☆

你知道我国最古老、最简
单的天文仪器是什么吗？

乙

难度 ★★★☆☆☆☆

《甘石星经》中的恒星表
测定了几颗恒星的方位？

甲

难度 ★★★★☆☆☆

《甘石星经》是谁写的呢？

流淌的中华文明史

答案：早了近 2000 年

流淌的中华文明史

答案：《甘石星经》

流淌的中华文明史

答案：羽民国

流淌的中华文明史

答案：甘德、石申

流淌的中华文明史

答案：121 颗

流淌的中华文明史

答案：土圭

丙
难度 ★★☆☆☆☆☆
我国现存完成时间最早的一部医学典籍是什么？

甲
难度 ★★★★☆☆☆
《黄帝内经》记录了哪段时期的医学经验和理论呢？

乙
难度 ★★★☆☆☆☆
你知道中国古代有哪些了不起的名医吗？（至少2位）

丁
难度 ★☆☆☆☆☆☆
编写了《千金要方》，被尊称为"药王"的是哪位名医？

超
难度 ★★★★★☆☆
你知道是哪位数学家第一个把圆周率精确计算到小数点后7位吗？

甲
难度 ★★★★☆☆☆
《水经注》的作者是哪个朝代的谁呢？

流淌的中华文明史

答案：华佗、扁鹊、张仲景、孙思邈。

流淌的中华文明史

答案：春秋至战国时期

流淌的中华文明史

答案：《黄帝内经》

流淌的中华文明史

答案：北魏，郦道元。

流淌的中华文明史

答案：祖冲之

流淌的中华文明史

答案：孙思邈

超

难度 ★★★★★★★

著名的水利工程都江堰是由谁主持修建的？

乙

白话

难度 ★★★☆☆☆☆

我国最早的描写英雄传奇故事的白话长篇小说是哪一部？

超

水浒传

难度 ★★★★★★★

请说出《水浒传》中梁山好汉们的大名和绰号。（至少5个）

丁

《水浒传》中倒拔垂杨柳的是哪一位梁山好汉？

难度 ★☆☆☆☆☆☆

乙

章 回 体

难度 ★★★★☆☆☆

我国第一部长篇章回体小说是哪一部？

超

五虎上将

难度 ★★★★★★☆

刘备手下的"五虎上将"是哪五位呢？

流淌的中华文明史

流淌的中华文明史

流淌的中华文明史

答案：及时雨宋江、智多星吴用、豹子头林冲、小李广花荣、小旋风柴进、花和尚鲁智深、行者武松、黑旋风李逵等。

答案：《水浒传》

答案：李冰

流淌的中华文明史

流淌的中华文明史

流淌的中华文明史

答案：关羽、张飞、马超、赵云、黄忠。

答案：《三国演义》

答案：花和尚鲁智深

丙

难度 ★★☆☆☆☆☆

《三国演义》创作的蓝本
是哪一部著名的史书？

甲

难度 ★★★★★☆☆

《三国演义》中著名的以
少胜多的战役是什么？

甲

难度 ★★★★☆☆☆

被誉为中国历史上最大的
一部百科全书的是哪套书呢？

乙

难度 ★★★☆☆☆

《永乐大典》是哪个皇帝
当政时编撰的？

超

难度 ★★★★★★★

清代的哪一部书被称为中
国古代最大的官修书？

超

难度 ★★★★★★☆

《西游记》中的师徒四人
都是虚构的吗？

流淌的中华文明史

答案：《永乐大典》

流淌的中华文明史

答案：赤壁之战、官渡之战

流淌的中华文明史

答案：《三国志》

流淌的中华文明史

答案：不是，唐僧是历史上的高僧玄奘。

流淌的中华文明史

答案：《四库全书》

流淌的中华文明史

答案：明永乐帝朱棣

难度 ★★★☆☆☆☆

乙

唐代高僧玄奘是从哪个城市出发西行学法求经的？

难度 ★★☆☆☆☆☆

丙

《本草纲目》花了多长时间才编撰完成的？

难度 ★★☆☆☆☆☆

丙

研究出用青蒿素治疗疟疾药物的科学家是谁？

难度 ★★★★★☆☆

甲

被誉为"中国17世纪的工艺百科全书"的是哪部作品？

难度 ★★★☆☆☆☆

乙

《天工开物》是哪个朝代的谁写的？

难度 ★★★★☆☆☆

甲

世界上第一部关于农业和手工业的综合性著作是什么？

流淌的中华文明史

答案：屠呦呦

流淌的中华文明史

答案：29 年

流淌的中华文明史

答案：长安（今西安）

流淌的中华文明史

答案：《天工开物》

流淌的中华文明史

答案：明代，宋应星。

流淌的中华文明史

答案：《天工开物》

丁

难度 ★★★★★★★★

中国古代有一部讲狐仙鬼怪和奇闻异事的小说是什么？

丙

难度 ★★★★★★★★

《聊斋志异》的作者是谁呢？

丁

难度 ★★★★★★★★

吴敬梓写的现实主义长篇小说，你知道书名叫什么吗？

丙

别称？？？

难度 ★★★★★★★★

《红楼梦》的别名叫什么？

丁

交给我吧！

难度 ★★★★★★★★

现今《红楼梦》版本最后的四十回是由谁来续写的？

甲

红楼梦

难度 ★★★★★★★★

你能说出《红楼梦》中的十二金钗吗？（至少6个）

流淌的中华文明史

答案：《儒林外史》

流淌的中华文明史

答案：蒲松龄

流淌的中华文明史

答案：《聊斋志异》

流淌的中华文明史

答案：林黛玉、薛宝钗、史湘云、王熙凤、贾巧姐、秦可卿、妙玉、李纨、贾元春、贾迎春、贾探春、贾惜春。

流淌的中华文明史

答案：高鹗

流淌的中华文明史

答案：《石头记》